Guido Maiwald

Afghanistan: Ursachen und Gründe für die Inte

Der GRIN Verlag publiziert seit 1998 wissenschaftliche Arbeiten von Studenten, Hochschullehrern und anderen Akademikern als eBook und gedrucktes Buch. Die Verlagswebsite www.grin.com ist die ideale Plattform zur Veröffentlichung von Hausarbeiten, Abschlussarbeiten, wissenschaftlichen Aufsätzen, Dissertationen und Fachbüchern.

Dokument Nr. V213634 aus dem GRIN Verlagsprogramm

Guido Maiwald

Afghanistan: Ursachen und Gründe für die Intervention der UDSSR

GRIN Verlag

Die Deutsche Bibliothek verzeichnet diese Publikation in der Deutschen Nationalbibliografie; detaillierte bibliografische Daten sind im Internet über http://dnb.d-nb.de/ abrufbar.

Dieses Werk sowie alle darin enthaltenen einzelnen Beiträge und Abbildungen sind urheberrechtlich geschützt. Jede Verwertung, die nicht ausdrücklich vom Urheberrechtsschutz zugelassen ist, bedarf der vorherigen Zustimmung des Verlages. Das gilt insbesondere für Vervielfältigungen, Bearbeitungen, Übersetzungen, Mikroverfilmungen, Auswertungen durch Datenbanken und für die Einspeicherung und Verarbeitung in elektronische Systeme. Alle Rechte, auch die des auszugsweisen Nachdrucks, der fotomechanischen Wiedergabe (einschließlich Mikrokopie) sowie der Auswertung durch Datenbanken oder ähnliche Einrichtungen, vorbehalten.

1. Auflage 2006
Copyright © 2006 GRIN Verlag GmbH
http://www.grin.com
Druck und Bindung: Books on Demand GmbH, Norderstedt Germany
ISBN 978-3-656-42349-2

Afghanistan: Ursachen und Gründe für die Intervention der UDSSR

Einleitung

Der Afghanistankrieg begann als Bürgerkrieg, mündete in einen Stellvertreterkrieg und verursachte letztlich die Machtergreifung durch die Taliban. In dieser Arbeit soll untersucht werden welche Gründe die UDSSR bewogen haben in diesen Krieg einzutreten. Diese Motivation ist in der Forschung sehr umstritten. Fühlte sich die Sowjetunion von China und Amerika umzingelt, wollte sie einen Zugang zum Meer schaffen, ging es um die Absicherung von Ölimporten oder war es innere Machtstruktur, die zu diesem Schritt bewog? Im ersten Teil der Arbeit wird die Geschichte der afghanisch-russischen Beziehungen seit den 30er Jahren des 20. Jh. dargestellt. Diese Hintergrundinformationen sind wichtig, da sie verdeutlichen, wie hoch der Wert eines Einflusses in der Region für die sowjetische Administration war. Im zweiten Teil wird die innenpolitische Situation in Afghanistan vor der Intervention der Sowjetunion verdeutlicht. Bereits 1978 hatten mit der Verhaftung leitender Mitglieder der kommunistischen DVPA durch Präsident Daud die Schwierigkeiten in den afghanisch-russischen Beziehungen begonnen. Als die Hoffnungsträger der Sowjets, Taraki und Amin, letztlich an die Macht kamen entbrannte unter diesen ein Kampf um Positionen und Ideale, bei dem keiner der Protegés die Ziele der Sowjetunion teilte. Im 3. Kapitel werden zunächst Gründe genannt, die gegen eine Intervention gesprochen hätten. Diese werden dargestellt, um nachvollziehen zu können, wie Beobachter der damaligen politischen Situation im Vorfeld der Intervention diese zum Teil beurteilt haben. Im Anschluss werden die von der sowjetischen Administration in öffentlichen Verlautbarungen genannten Gründe für die Intervention genannt und bewertet. An dieser Stelle sollen auch die Gründe und Motivationen dargestellt werden, die z. B. die USA hinter der Intervention vermutete. Die Motivation der Sowjetunion in den Afghanistankrieg einzutreten ist unter Politikern und Wissenschaftlern sehr kontrovers geführt worden. Letztendlich ging es immer um die Frage, ob die Intervention der UDSSR als Invasion bezeichnet werden kann. Eine Schwierigkeit bei der Beantwortung der Frage stellen die Gründe dar, die die Sowjetunion selbst für ihr Eingreifen angeführt hat. Werden einzig diese Gründe unter Bezugnahme der zuvor durch die Sowjetunion geschlossenen Verträge und Vereinbarungen bewertet, könnte man den Eindruck gewinnen es habe sich tatsächlich um eine Invasion gehandelt. Im letzten Teil werden auch die Gründe dargestellt, die sich aus der heutigen Akten- und Quellenlage ergeben. Diese noch in den 80er Jahren nicht zugänglichen Quellen konnten verdeutlichen, welches Bedrohungsszenario die sowjetische Administration bis zur Intervention und aktuell zum Zeitpunkt der Intervention wahrnahm. Was die erst jetzt ersichtliche Aktenlage ebenfalls nachweist, ist das Maß der aktiven Unterstützung der Mudschaheddin durch die USA.

1. Afghanistan und die UDSSR: Koexistenz und wachsender sowjetischer Einfluss

Bereits in den 30er Jahren war die afghanisch-pakistanische Beziehung belastet durch die Paschtunistan-Bewegung, der Forderung Afghanistans auf die von Paschtunen bewohnten Gebiete Pakistans. Zudem war Pakistan gemeinsam mit den USA und Großbritannien 1954

dem Bagdad-Pakt beigetreten und galt als Verbündeter der beiden Großmächte. Erste Abkommen über Wirtschafts- und Militärhilfe der Sowjetunion an Afghanistan wurden bereits 1954 unterzeichnet.[1] 1955 begrüßte Chruschtschow bei einem Besuch in Afghanistan ausdrücklich die Paschtunistan-Forderung und den Aufbau von militärischen Einrichtungen der afghanischen Armee. Die Sowjetunion sicherte einen Ausbau der Straßen an ihre Landesgrenzen zu. Chruschtschow hob in seinen Memoiren die strategische Bedeutung des Straßenbaus für einen eventuell nötigen Truppentransport hervor.[2] Im Jahre 1956 setzte eine 32 Millionen Dollar Militärhilfe der Sowjetunion ein mit dem Ziel das afghanische Heer und die Luftwaffe nach sowjetischem Standard auszurüsten. Um 1960 war hingegen eine friedliche Koexistenz der Mächte in Afghanistan entstanden, da die afghanische Regierung an einem Gegengewicht zur Sowjetunion interessiert war. Im Süden des Landes unterhielten die USA ebenfalls ein Straßenbauprogramm und stellten dort sogar den Anschluss an das sowjetische Straßennetz her. Auch andere Staaten und internationale Organisationen beteiligten sich an der Strukturhilfe für das Land.[3] Im Verlauf der 60er Jahre kam es zur Entspannung zwischen den USA und der UDSSR und der Vietnamkrieg forderte von der USA erhebliche finanzielle Mittel. Aus diesem Grund ließ das amerikanische Interesse an Projekten in Afghanistan etwas nach. Zudem hatte die Sowjetführung der afghanischen Regierung günstige Rückzahlungsmodalitäten für Kredite in Form von Erdgaslieferungen gewährt. Allmählich entstand ein Übergewicht sowjetischen Einflusses. Als 1964 die konstitutionelle Monarchie eingeführt wurde, befanden sich Parteien wie die kommunistische Demokratische Volkspartei in einer rechtlichen Grauzone. Dennoch wurde sie diskret von der Sowjetunion unterstützt. Gegen Ende des Jahrzehnts bildeten sich immer stärker differierende gesellschaftliche Strömungen aus. Den Kommunisten standen Royalisten und Establishment sowie erstarkende islamistische Fundamentalisten gegenüber.

2. Die innenpolitische Situation in Afghanistan vor der Intervention der UDSSR

Nach einer Hungersnot mit über 500.000 Toten im Jahre 1973, auf die schwere Unruhen folgten, putschte sich Daud mithilfe des Militärs während eines Auslandsbesuches seines Cousins König Sahir erneut an die Macht und rief die Republik Afghanistan aus. Obwohl ihm während des Putsches hohe Offiziere beider Flügel der einzigen zugelassenen afghanischen Partei, der DVPA -Parcham und Khalq - zur Seite gestanden hatten, hetzte er beide Flügel gegeneinander auf und ließ politische Gegner verhaften. Im Mai 1977 berief Daud eine neue verfassungsgebende Versammlung, die sog. 'Loya Jirga`, mit 221 gewählten und 130 ernannten Mitgliedern ein.[4] Dauds Gegner fürchteten zwar eine zu enge Bindung an Moskau, dieser bemühte sich aber um „eine Politik der echten Blockfreiheit".[5] Er näherte sich Pakistan

---

[1] Braun/Ziem, S. 16
[2] Ebd., S. 17
[3] Ebd., S. 17
[4] Linde, S. 77
[5] Ebd., S. 77

wieder an und knüpfte Kontakte zum Iran und auch zu den USA. Durch diese Annäherungen und durch einen 2-Milliarden-Dollar-Kredit, den der Schah des Irans dem Land 1978 gewährte, löste sich Afghanistan zunehmend aus der Umklammerung Moskaus und zog sich damit den Zorn der sowjetischen Funktionäre zu, die ihren Einfluss in dem südlichen Nachbarstaat schwinden sahen. Daud fand hingegen keinen Weg aus der wirtschaftlichen Krise seines Landes. Im Jahre 1978 kam es erneut zu einer Hungersnot und mehreren Überfällen auf Kabinettsmitglieder. Daud reagierte mit Verhaftungen, darunter auch die Führer der DVPA Noor Mohammed Taraki und Babrak Karmal. Am 27. April 1978 nach weiteren heftigen Unruhen kam es zu einem Militärputsch, angeführt von Hafizullah Amin einem Taraki-Vertrauten, und General Abdul Qadir, in dessen Verlauf Daud mit seiner Familie und einigen Anhängern erschossen wurde. Der aus der Haft befreite Taraki wurde an die Spitze des Revolutionsrates gesetzt und bildete das neue Kabinett mit 11 Mitgliedern aus dem Khalq-Flügel der DVPA und 10 Mitgliedern aus dem Parcham-Flügel. Taraki verkündete blockfrei bleiben zu wollen und auch keinem Militärbündnis beizutreten. Er gab ferner an weder marxistisch noch leninistisch eingestellt zu sein und dass der Putsch nur dem Ziel gedient hätte, das Land von dem „Joch des Feudaladels" zu befreien.[6] Die neue Regierung strebte gute Beziehungen zu allen Nachbarstaaten an, der Status Pashtunistans blieb jedoch ungeklärt. Moskau entschied sich Taraki zu unterstützen. In einem bilateralen Vertrag vom Dezember 1978 fügte die Sowjetregierung jedoch eine außerordentliche Kündigungsklausel von sechs Monaten ein, wohl ein Anzeichen dafür, dass die Eventualität einer Aufkündigung bei Unzuverlässigkeit der neuen Regierung in Betracht gezogen wurde. Dem gegenüber stand jedoch eine Aussage von Suslow im Februar 1979, die an die Gesetzmäßigkeit des historischen Prozesses und zum Festhalten an dem „neuen Staat sozialistischer Orientierung" mahnte.[7] Das Ausland hatte darauf hingewiesen, dass die am Putsch beteiligten Offiziere in der UdSSR ausgebildet worden waren und die afghanischen Streitkräfte von sowjetischem Nachschub abhängig waren. Die sowjetische Führung bestritt dennoch jegliche Beteiligung an der Vorbereitung oder Durchführung des Putsches.[8] Tarakis Landreform und Implementierung von Frauenrechten stieß sowohl in der Bevölkerung als auch bei den Stammesführern und religiösen Gelehrten auf heftige Ablehnung. Die Regierung hatte keinen Rückhalt mehr in der afghanischen Bevölkerung und auch Nachbarstaaten fürchteten um Ruhe an ihren Grenzen. Zu Beginn des Jahres 1979 kam es zu Unruhen in einigen Provinzen des Landes und Afghanistan und die UdSSR warfen den USA, Pakistan, Iran, Saudi-Arabien und China Unterstützung moslemischer Rebellen vor und warnten vor einer Einmischung in die inneren Angelegenheiten Afghanistans. In Afghanistan bildeten sich rund 30 Gruppen von Mudschaheddin, die eine zentrale Regierung in ihrem Land ablehnten. Am 28. März 1979 wurde Hafizullah Amin Premierminister und Taraki konnte nur einige seiner Parteifunktionen behalten. Da Ministerpräsident Amin versuchte die Führungskader des Zentralkomitees mit eigenen Gefolgsleuten zu besetzen und so versuchte den linken Parteiflügel seines Einflusses zu berauben, plante die Sowjetunion für den September 1979 einen Umsturzversuch unter der

---

[6] Linde, S. 79
[7] Braun/Ziem, S. 22
[8] Allan/Klay, S. 95

4

Führung Tarakis. Erst als dieser fehlschlug, wurden konkrete Pläne für eine Intervention angestellt.[9] Die Sowjetunion entschied 100 000 Mann zu entsenden vor allem um die Infrastruktur im Land zu schützen. Die USA hingegen unterstützen die Mudschaheddin mit modernen Waffen wie Stinger-Raketen und M-16 Sturmgewehren, Finanzhilfen, Informationen und Militärberatern. Es wird allgemein vermutet, dass es den USA darum ging einen Unruheherd zu schaffen um die UDSSR ökonomisch zu schwächen.[10] Die Motivation der Sowjetunion, trotz der oben genannten Gründe die dagegen gesprochen hätten in den Krieg zu ziehen, wird noch heute kontrovers diskutiert. Im September wurde die Regierung Taraki gestürzt und Amins brutale Säuberungsaktionen bewogen die Sowjetunion am 15.12.1979 zum Einmarsch. Am 27.12. wurde Kabul von zwei sowjetischen Brigaden besetzt und Amin bei Kämpfen am Regierungspalast getötet. Noch in dieser Nacht wurde Amins Nachfolger Babrak Karmal als Präsident eingesetzt.

3.1 Gründe gegen eine Intervention der UDSSR

Damalige Nahostexperten hatten eine Beteiligung der Sowjetunion zu diesem Zeitpunkt ausgeschlossen. Sie nahmen an, dass es keinen Grund für eine sowjetische Beteiligung geben könne, der wichtig genug sei, damit eine Intervention zu rechtfertigen. Die hypothetischen Gründe, die dabei angenommen wurden, waren:

1. Schaffung eines Zugangs zum „Warmen Wasser"
Die Motivation Russlands für einen zusätzlichen Zugang zum Meer in den Krieg einzutreten wurde als gering eingeschätzt, da es bereits über einen Zugang vom Schwarzen Meer über die Dardanellen ins Mittelmeer, als auch einen über den Suez-Kanal in das Arabische Meer und den Indischen Ozean hatte.

2. Reaktion nach Art eines Freundschaftsvertrages aufgrund eines Hilfeersuchens der afghanischen Regierung. Aufgrund der Erfahrungen der USA im Vietnamkrieg vermutete die amerikanische Administration, dass Russland nicht versuchen werde, der USA in ihrer Rolle als „Weltpolizist" zu folgen. Nach einer Serie von Freundschaftsverträgen in den 70er Jahren wäre der Einsatz kriegerischer Mittel zur Erfüllung eines solchen zudem von anderen Staaten als Akt der Provokation verstanden worden. Auch Solidarbekundungen anderer islamischer Staaten und Moslemgruppen im Sowjetreich wurden als mögliches Szenario diskutiert.[11]

3. Der „Code of Conduct" des 1972 in Kraft getretenen Salt I Abkommens verpflichtete beide Supermächte auf imperiale Hegemoniebestrebungen zukünftig zu verzichten. Das Salt II Abkommen war bereits entworfen und von amerikanischer Seite noch nicht ratifiziert. Die vermehrte Zusammenarbeit beider Supermächte vor allem auf technologischer Basis

---

[9] Braun/Ziem, S. 24
[10] Mellenthin
[11] Behrens, S. 58

rechtfertigte die Vermutung, dass die Sowjetunion mithilfe der USA ihre wirtschaftlichen Defizite aufholen wollte.

4. Die Existenz der afghanischen DVPA wurde in den KPdSU-Organen 13 Jahre lang fast verschwiegen, da sie den Russen als von feindlichen Sicherheitsdiensten unterwandert und zu nationalistisch galt. Sowohl zum 3. Weltkongress der kommunistischen Parteien (1969) als auch zu den letzten KPdSU-Kongressen (1971, 1976) war sie nicht eingeladen worden.[12] Zudem hatte die afghanische Regierung eine Landreform im Stile des Abweichlers Tito durchgeführt und das Land direkt an die Bauern verteilt ohne eine Kollektivierung durchzuführen.

5. Durch intensivierte Investitionsprogramme war die Sowjetunion mittlerweile der wichtigste Geldgeber Afghanistans und konnte die wirtschaftliche und militärische Infrastruktur Afghanistans nach seinen eigenen Wünschen gestalten. Die USA hatten ihre Hilfe auslaufen lassen und schienen auch keine Versuche zu machen ihre Position im Land zu stärken.[13]

3.2 Entscheidungsfindung im Kreml

Im Herbst 1979 war für die Sowjetunion absehbar, dass die Widerstandsgruppen der Mudschaheddin früher oder später über die Regierungstruppen siegen würden. Obgleich der Kreml zuvor die Bitten nach militärischer Hilfe seitens der afghanischen Führung abgelehnt und empfohlen hatte, die Revolution selbst zu verteidigen, wurde im November 1979 die Entscheidung getroffen, in Afghanistan zu intervenieren. Der Generalsekretär der KPdSU, Leonid Breschnjew, wurde in seiner Entscheidung vom Außenminister der UdSSR, Andrei Gromyko, dem Verteidigungsminister Dimitri Ustinov und hochrangigen Militärs unterstützt. Wie heute bekannt ist, stimmte der damalige Ministerpräsident der UdSSR, Alexei Kossygin, gegen eine Intervention.[14] Erst mit der Alleinregierung Amins und seiner provokanten Hinwendung zur USA entschloss sich die Regierung mit dem Ziel „die Konsolidierung eines mit der Sowjetunion eng verbundenen, sozialistisch orientierten Afghanistan zu ermöglichen".[15] Am 27.12.1979 erfolgte die Unterrichtung der Armeeführung über die Intervention durch Verteidigungsminister Ustinov. Am 28.12.1979 ließ der Kreml in der Prawda publizieren, „… die afghanische Regierung hätte aufgrund der Aggressionen imperialistischer Kreise die UdSSR um Hilfe gebeten".[16] Als der Einmarsch durch das Politbüro der KPDSU offiziell bestätigt wurde, nannte es drei Beweggründe:

a) Das Hilfeersuchen der afghanischen Regierung

---

[12] Behrens, S. 59
[13] Ebd., S. 60
[14] Allan/Kläy, S. 210
[15] Braun/Ziem, S. 25
[16] Allan/Kläy, S. 315

b) Die Beistandverpflichtung der UdSSR aufgrund eines sowjetisch-afghanischen Vertrages vom 5.12.1978

c) Die Entscheidung zur kollektiven Selbstverteidigung aufgrund des Artikels 51 der UN-Charta.

Am 13.01.1980 erklärte der Generalsekretär der KPdSU, Leonid Breschnjew gegenüber der Prawda:

„Bei der Abwehr der äußeren Aggression hat sich die afghanische Führung noch unter Präsident Taraki und dann auch später wiederholt an die Sowjetunion um Hilfe gewandt." „….[dass] angesichts der von Babrak Karmal geführten Volkserhebung gegen die ´Amin-Tyrannei` und der anhaltenden Bedrohung durch ´äußere Kräfte` der Augenblick gekommen [sei], da wir nicht mehr umhinkonnten, der Bitte der *uns befreundeten Regierung Afghanistans* nachzukommen."[17]

3.3 Beurteilung der Gründe

1. Das Hilfeersuchen der afghanischen Regierung
Wer die Sowjetunion um Hilfe gebeten haben soll, wurde vom Politbüro nie erklärt. Der Ministerpräsident Afghanistans, Babrak Karmal, bestritt später, die sowjetische Truppen angefordert zu haben.[18]

2. Die Beistandverpflichtung der UdSSR aufgrund des sowjetisch-afghanischen Vertrages vom 5.12.1978
In den sowjetisch-afghanischen Verträgen von 1921, 1933 und 1978 garantierten sich die beiden Länder die Achtung vor staatlicher Unabhängigkeit, die Anerkennung der gegenseitigen Souveränität und die Enthaltung der bewaffneten oder unbewaffneten Einmischung in innerstaatliche Angelegenheiten.[19] Als die USA 1979 beschlossen den Schah im Iran nicht mehr zu unterstützen wurde an dieser Entscheidung von anderen Ländern Kritik geübt, die USA habe sich nicht loyal gegenüber dem Schah verhalten. Unter diesem Eindruck könnte die sowjetische Administration Sorge gehabt haben eben solchen Vorwürfen ausgesetzt zu werden.

3. Die Entscheidung zur kollektiven Selbstverteidigung aufgrund des Artikels 51 der UN-Charta.
Afghanistan hatte nicht nach militärischer Hilfe in der geleisteten Form gefragt, und somit hat die UdSSR mit der Intervention das Völkerrecht der UN-Satzung verletzt, da sie laut

---

[17] Berner, S. 325
[18] Ebd., S. 326
[19] Behrens, S. 67

7

Definition der UN-Generalversammlung vom 14.12.1974 den Tatbestand der Angriffshandlung erfüllt hat.

3.4 Mutmaßliche Gründe der Sowjetunion

3.4.1 Ideologische Gründe

Obgleich die UDSSR die Aprilrevolution unterstützt hatte, verringerte sich ihr Einfluss nach der Machtübernahme Amins und das Politbüro fürchtete ein Bündnis mit den Mudschaheddin oder gar eine Annäherung an die USA.[20] Breschnjew betonte in einer Stellungnahme zur Intervention, „dass einmal eroberte ideologische Gebiete nicht wieder preisgegeben werden dürfen"[21]. Da selbst ein Sturzversuch Amins und vermehrte Waffenlieferungen an die afghanische Regierung ohne Erfolg geblieben waren, könnte dies das Politbüro bewogen haben sowjetische Interessen in Afghanistan wahren zu wollen. Die sog. „forward policy" der Sowjetunion in den 70er Jahren beinhaltete eine Ausweitung des eigenen Einflusses insbesondere auf Länder der Dritten Welt. Der Handlungswille und die Möglichkeiten der USA diesem Wettlauf um Einflussnahme zu folgen schienen zu dieser Zeit begrenzt.

3.4.2 Motive aufgrund sowjetischer Wahrnehmung

Da das Politbüro nur wenige objektive Informationen über die Ereignisse in Afghanistan hatte, musste es den nach Afghanistan entsandten Militärberatern Glauben schenken. In der sowjetischen Wahrnehmung war die innenpolitische Krise begründet in der Unterstützung der Gegner der DVPA durch das Ausland, mit dem Zweck Afghanistan zu destabilisieren.[22] Es könnte vermutet werden, die sowjetische Administration habe versucht ein Erstarken der Opposition zu verhindern, um and der Südgrenze zur UDSSR ein verlässliches Regime zu haben. Vielleicht hatte das durch den Westen kaum gerügte Eingreifen der UDSSR in der CSSR und die gelassene Reaktion des Westens auf den afghanischen Machtwechsel 1978 das Politbüro denken lassen eine Intervention stelle außenpolitisch kein Risiko dar.[23] Als am Jahresende 1979 in Teheran amerikanische Geiseln genommen wurden, rechnete die sowjetische Führung offenbar damit, die amerikanische Administration sei für die nächste Zeit mit dem Iran beschäftigt. Braun und Ziem vermuten sogar, dass die sowjetische Führung mit einem militärischen Eingreifen der USA im Iran rechnete und so ihre eigene Intervention im „Windschatten" der iranischen Ereignisse ablaufen lassen wollte.[24] Es ist jedoch davon auszugehen, dass neben der Beurteilung des Vorstoßes der amerikanischen Militärmarine in den Persischen Golf als geeignetes Ablenkungsmanöver auch mit Sorge auf diesen Umstand

---

[20] Allan/Kläy, S. 251
[21] Ebd., S. 250
[22] Ebd., S. 242
[23] Ebd., S. 258f
[24] Braun/Ziem, S. 25

geblickt wurde. Der von Breschnjew und J. Carter unterzeichnete SALT II-Vertrag war bis zu diesem Zeitpunkt nicht vom amerikanischen Senat ratifiziert. Als am 12. Dezember 1979 die Entscheidung zur Intervention fiel, hatte der UNO Sicherheitsrat zuvor am selben Tage beschlossen, amerikanische Mittelstreckenraketen in Europa zu stationieren. Es entstand das Gefühl, die Beziehungen zu den USA hätten sich ohne eigenes Dazutun verschlechtert und man habe nichts mehr zu verlieren. Zudem stand der Interventionsbeschluss unter dem Eindruck der Ereignisse in China. Im Jahre 1978 hatte die Machtübernahme einer neuen Führung zu internen Machtkämpfen und bewaffneten Auseinandersetzungen an der sowjetisch-chinesischen Grenze geführt. Moskau vermutete eventuell, dass Deng Xiaoping Revanchemöglichkeiten suchen könnte und ihm der Übergang des Amin-Regimes in Opposition zur UdSSR dafür eine Möglichkeit bieten könnte.[25] In einem Plenum der KPDSU am 23. Juni 1980 sagte Breschnjew:

"Not a day goes by when Washington has not tried to revive the spirit of the "Cold War," to heat up militarist passions. Any grounds are used for this, real or imagined. One example of this is Afghanistan. The ruling circles of the USA, and of China as well, stop at nothing, including armed aggression, in trying to keep the Afghanis from building a new life in accord with the ideals of the revolution of liberation of April 1978. And when we helped our neighbour Afghanistan, at the request of its government, to give a rebuff to aggression, to beat back the attacks of bandit formations which operate primarily from the territory of Pakistan, then Washington and Beijing raised an unprecedented racket. Of what did they accuse the Soviet Union[?]: of a yearning to break out to warm waters, and an intention to make a grab for foreign oil. And the whole thing was that their plans to draw Afghanistan into the orbit of imperialist policy and to create a threat to our country from the south crashed to the ground. In the Soviet act of assistance to Afghanistan there is not a grain of avarice. We had no choice other than the sending of troops. And the events confirmed that it was the only correct choice."[26]

Gromyko führte in diesem Plenum weiter aus:

"Given all that was achieved by the fraternal countries in the international arena, especially in the 1970s, in the struggle for detente and peace, we note something else: the general situation in the world has grown more complicated, tension has grown, above all in our relations with the United States.[...] Acting on the true course of events, the Soviet Union directly casts back in the face of the officials of the imperialist states facts like the acceptance by the USA and NATO, in demonstrative form, of the decision to increase sharply their military budgets, to abruptly whip up the arms race, to deploy new American intermediate range

---

[25] Subin
[26] Breschnjew (B)

weapons in Western Europe, to make ready the strike ["rapid development"-ed.] force in the Indian Ocean and the Persian Gulf. [...] For us now, as Leonid Il'ich announced, there is no need to have in Afghanistan a military contingent even of the size, which it was when it was introduced. But if the situation demands it, we at any time will be able to strengthen our contingent, so as to reliably work together to provide for the independence and territorial integrity of Afghanistan. Now the American administration has once again begun to veer wildly. The underlying cause of the current break in Soviet-American relations is Washington's attempt to do whatever it takes to achieve military superiority over us."[27]

Es wird in Gromykos Ausführungen deutlich, dass der UN Beschluss und die Anwesenheit amerikanischer Truppen im Persischen Golf und Indischen Ozean großen Einfluss auf die Entscheidung zur Intervention gehabt haben. In Breschnjews Rede wird auch deutlich, dass die Sowjetunion die Reaktionen des Auslands auf die Intervention und vor allem die von dieser Seite vermuteten Motive der Sowjetunion falsch eingeschätzt hatte.

3.4.3 Strategische Motive

Insbesondere die Politik Amins mit der er versuchte den linken Flügel der DVPA, und somit auch die UDSSR - treuen Teile der Partei zu entmachten (vgl. Kap. 2) und eigene Gefolgsleute einzusetzen hat die sowjetische Führung beunruhigt. In einem geheimen Protokoll der Herren Andropow (Vorsitzender des KGB), Gromyko (Außenminister), Ustinov (Verteidigungsminister) und Ponomarev (Leiter Abteilung Internationale Angelegenheiten d. KPdSU) an das Zentralkomitee der Kommunistischen Partei heißt es:

"H. Amin has established a regime of personal dictatorship in the country, effectively reducing the CC PDPA and the Revolutionary Council to the status of entirely nominal organs. The top leadership positions within the party and the state were filled with appointees bearing family ties or maintaining personal loyalties to H. Amin. Many members from the ranks of the CC PDPA, the Revolutionary Council and the Afghan government were expelled and arrested. Repression and physical annihilation were for the most part directed towards active participants in the April revolution, persons openly sympathetic to the USSR, those defending the Leninist norms of intra-party life. H. Amin deceived the party and the people with his announcements that the Soviet Union had supposedly approved of Taraki's expulsion from party and government."[28]

---

[27] Gromyko (B)
[28] Andropov/Gromyko/Ustinov/Ponomarev

Die Vorwürfe gingen gar soweit, dass Amin in diesem Bericht vorgeworfen wurde, antisowjetische Propaganda zu betreiben und sich mit islamistischen Rebellen verständigen zu wollen:

"By direct order of H. Amin, fabricated rumours were deliberately spread throughout the DRA, smearing the Soviet Union and casting a shadow on the activities of Soviet personnel in Afghanistan, who had been restricted in their efforts to maintain contact with Afghan representatives. At the same time, efforts were made to mend relations with America as a part of the "more balanced foreign policy strategy" adopted by H. Amin. H. Amin held a series of confidential meetings with the American charge d'affaires in Kabul. The DRA government began to create favourable conditions for the operation of the American cultural center; under H. Amin's directive, the DRA special services have ceased operations against the American embassy. H. Amin attempted to buttress his position by reaching a compromise with leaders of internal counter-revolution. Through trusted persons he engaged in contact with leaders of the Moslem fundamentalist opposition. […] Afghanistan put the progress of the revolutionary process in extremely difficult circumstances and energized the counter-revolutionary forces, which have effectively established their control in many of the country's provinces. Using external support, which has taken on increasingly far-reaching proportions under Amin, they strived to bring about radical change in the country's military-political situation and liquidate the revolutionary gains."[29]

Sowohl die Führung der UDSSR als auch die der USA standen auch gegen Ende der 70er Jahre noch unter dem Einfluss des Kalten Krieges und hatten demnach ein ständiges Bedrohungsszenario des jeweils Anderen vor Augen. Zudem befürchtete das Politbüro ein Übergreifen der Unruhen auf die 5 islamischen Teilrepubliken im Süden der UDSSR und deren Widerstand auf die von Moskau eingesetzte Regierung.[30] Im Juni 1979 hatte Khomeini den sowjetischen Botschafter in Teheran, Winogradow davor gewarnt in Afghanistan zu intervenieren. Khomeini erklärte dem Botschafter, dass das Volk nicht hinter den sozialistischen Reformen der Regierung stünde und bereits 50.000 Menschen getötet und viele islamische Geistliche verhaftet worden waren. Er befürchte im Falle eines Eingreifens der UDSSR eine Verschlechterung der Beziehungen zu anderen islamischen Staaten.[31] Eine weitere Sorge bestand darin, dass Afghanistan dem Einflussbereich der USA zufallen könnte und diese somit direkt an der Grenze zur UDSSR militärische Einheiten stationieren könnte. Diese Vorwürfe wurden begründet mit der Behauptung die USA wollten, mit Hilfe Pakistans und des Iran und durch Unterstützung und eventuell gar Waffenlieferungen, den Einflussverlust im Iran kompensieren.[32] Auch die Einflussbemühungen durch bislang

---

29 Ebd.
30 Behrens, S. 79
31 Braun/Ziem, S. 24
32 Allan/Kläy, S. 262

29 Ebd.
30 Behrens, S. 79
31 Braun/Ziem, S. 24
32 Allan/Kläy, S. 262

geleisteten Kredite, Militärhilfe, Entwicklungshilfe, Förderung von Bodenschätzen und Ausbildung sowie ideologische Indoktrination von afghanischen Militärs sah die Führung in Gefahr.[33] Der Versuch Taraki zu unterstützen, der sich den sozialistischen Idealen gegenüber verpflichtet sah, war bereits mit dessen Sturz im September 1979 gescheitert. Als Taraki am 8. Oktober ermordet wurde, war dies ein Schock für die Mitglieder der sowjetischen Administration. Leonid Breschnjew gestand 1980 dem französischen Präsidenten: "Präsident Taraki war mein Freund. Er kam zu mir im September. Nach seiner Rückkehr wurde er von Amin ermordet. Dies konnte ich ihm nicht verzeihen."[34] Unter den 600 von September bis Dezember getöteten Oppositionellen befanden sich auch prosowjetische ehemalige Anhänger Tarakis. Um dem Morden und Einflussverlust Einhalt zu gebieten hatte die sowjetische Führung bereits für Mitte Dezember einen Umsturzversuch geplant. Dabei sollte Babrak Karmal, Vorsitzender der oppositionellen Fraktion der Volksdemokratischen Partei behilflich sein. Am 11. Dezember wurde Babrak Karmal zum sowjetischen Militärstützpunkt Bagram gebracht und der Kommandeur einer sowjetischen Sondereinheit erhielt Befehl Amins Palast zu stürmen. Die Erkundung vor Ort ergab jedoch, dass eine "Volkserhebung" gegen Amin nicht zu bewerkstelligen war.[35] Karmal blieb jedoch der Hoffnungsträger des Zentralkomitees:

"In addition, the currently underground group "Parcham," under the leadership of an illegal CC, has carried out significant work to rally all progressive forces, including Taraki supporters from the former "Khalq" group. All earlier disagreements were eliminated and the previously existing schism in the PDPA has been liquidated. Khalqists (represented by Sarwari) and Parchamists (represented by Babrak) have announced the final unification of the party. Babrak was elected leader of the new party center, and Sarwari - his deputy.[36]

Babrak Karmal erschien den Sowjets im Gegensatz zu Amin als zuverlässiger Partner.

"The new government and Revolutionary Council have been formed on a broad and representative basis, with the inclusion of representatives from former "Parcham" and "Khalq" factions, military representatives, and non-party members. In its program agenda announcements, the new leadership vowed to fight for the complete victory of the national-democratic, anti-feudalistic, anti-imperialistic revolution, and to defend Afghan independence and sovereignty. In matters of foreign policy, they pledged to strengthen in every possible way the friendship and cooperation with the USSR. Taking into account the mistakes of the previous regime, the new leadership, in the practical application of its policies, is intent on giving serious consideration to broad democratization of social life

---

[33] Ebd., S. 265f
[34] Subin
[35] Ebd.
[36] Andropov/Gromyko/Ustinov/Ponomarev

and ensuring a law-abiding society, widening the social base and strengthening the state throughout the country, and maintaining a flexible policy with regards to religion, tribes and ethnic minorities. [...] Babrak can be described as one of the more theoretically equipped leaders of PDPA, who soberly and objectively evaluates the situation in Afghanistan; he was always distinguished by his sincere sympathies for the Soviet Union, and commanded respect within party masses and the country at large. In this regard, the conviction can be expressed that the new leadership of DRA will find effective ways to stabilize completely the country's situation."[37]

Zusammenfassung

Zunächst muss erkannt werden, dass die Sowjetunion die wahren Gründe für die Intervention nie dargelegt hat. Zur Zeit der Intervention war das Vertrauen zwischen der UdSSR und der USA nachhaltig gestört. Während die Détente, also die Kräfte der Entspannung, Ende der 60er Jahre 1972 zum Abschluss des Salt I-Abkommens geführt hatten, war die Ratifizierung von Salt II in den USA gescheitert. Russland dürfte gewusst haben, dass die USA die Mudschaheddin seit Juli 1979 aktiv unterstützten. Mehr und mehr verlor die russische Administration Vertrauen in den Weg der Détente. Auch die aktuellen Ereignisse im Dezember 1979, der UN Beschluss und die Anwesenheit der amerikanischen Marine im Persischen Golf und Arabischen Meer haben zur sowjetischen Reflexreaktion beigetragen. Die Intervention war keine von langer Hand geplante Invasion mit dem Ziel der Annektierung. Dazu reichten sowohl Truppenstärke als auch taktische Ausrichtung nicht aus. Vielmehr war sie eine Reaktion, eine Verteidigungshandlung unter dem Eindruck politischer und militärischer Umklammerung durch feindliche Armeen. Aus Sicht der sowjetischen Führung war die USA direkt an der Destabilisierung einer ganzen Region und insbesondere an den Grenzen der Sowjetunion beteiligt. Bei einer Bewertung der Gründe muss man eindeutig von einer defensiven Natur der Interventionsplanung ausgehen. In erster Hinsicht wollte die Sowjetführung eine stabile afghanische Regierung mit sozialistischer Orientierung installieren, um die bislang erreichte Einflussnahme nicht zu gefährden. Sicherlich war auch geplant vorhandene Militäreinrichtungen auszubauen und Afghanistan in die strategische Planung für Süd- und Südwestasien, das Arabische Meer und den Persischen Golf einzubeziehen. Dass letzterer Grund ausschlaggebend war, kann jedoch nicht konstatiert werden.[38] Letztlich hat die sowjetische Führung die Reaktionen des Auslands völlig falsch eingeschätzt. Sie hatte vermutet eine kurze und vom Ausland ebenfalls nur kurzfristig verurteilte Intervention durchführen zu können und die gewünschten Machtverhältnisse mit Babrak schnell erreichen zu können. Dass die USA und auch China ihren Einfluss in Afghanistan nicht bereit waren aufzugeben und dafür sogar die Mudschaheddin existentiell

---

[37] Andropov/Gromyko/Ustinov/Ponomarev
[38] Braun/Ziem, S. 26

13

und langfristig unterstützen würden hatte sie offensichtlich nicht erwartet. Die USA hingegen nutzten die Intervention als Rechtfertigung, um ein eigenes militärische Eingreifen in der Region zu rechtfertigen. Durch den Fall des Schah-Regimes hatten die USA einen wichtigen Beobachtungsposten im Mittleren Osten eingebüßt, es war an der Zeit neue Optionen auszuloten. Zudem war es der USA daran gelegen die militärische Kraft der UDSSR mit allen Mitteln zu schwächen, so wie sie es selbst im Vietnamkrieg erleben musste.

Literatur

Allan, Pierre/Kläy, Dieter: „Zwischen Bürokratie und Ideologie - Entscheidungsprozesse in Moskaus Afghanistankonflikt", Verlag Paul Haupt, Bern - Stuttgart – Wien, 1999

Andropov/Gromyko/Ustinov/Ponomarev, "Report on Events in Afghanistan on 27-28 December 1979", 31. Dezember 1979, http://www.alternativeinsight.com/Afghan_War.html

Behrens, Henning, „Die Afghanistan-Intervention der UdSSR - Unabhängigkeit und Blockfreiheit oder Mongolisierung Afghanistans: Eine Herausforderung für das Krisenmanagement", tuduv Buch, München, 1982

Berner, W., „Der Kampf um Kabul", in Vogel, Heinrich (Hrsg.): „Die sowjetische Intervention in Afghanistan- Entstehung und Hintergründe einer weltpolitischen Krise" - Osteuropa und der internationale Kommunismus, Band 8 - Bundesinstitut für ostwissenschaftliche und internationale Studien, Köln; Nomos Verlagsgesellschaft, Baden-Baden, 1980

Braun, Dieter/Ziem, Karlernst, „Afghanistan: Sowjetische Machtpolitik – Islamische Selbstbestimmung", Nomos Verlagsgesellschaft, Baden-Baden, 1988

Breznev, Gromyko (B), PLENUM OF CENTRAL COMMITTEE OF THE CPSU, 23. Juni 1980, alternativeinsight.com, "The Origins of the Soviet-Afghan War Revelations from the Soviet Archives", http://www.alternativeinsight.com/Afghan_War.html

Linde, G., „Afghanistan und der Nachbar im Norden", in: Vogel, Heinrich (Hrsg.): 'Die sowjetische Intervention in Afghanistan- Entstehung und Hintergründe einer weltpolitischen Krise' - Osteuropa und der internationale Kommunismus, Band 8 - Bundesinstitut für ostwissenschaftliche und internationale Studien, Köln; Nomos Verlagsgesellschaft, Baden-Baden, 1980

Mellenthin, Knut, "Milliarden für den Islamismus- Afghanistan 1979–2006: Von den USA früher als Freiheitskämpfer geförderte Mudschaheddin werden heute als Terroristen gejagt. Ein geschichtlicher Rückblick", AG Friedensforschung der Universität Kassel, 2006, http://www.uni-kassel.de/fb5/frieden/regionen/Afghanistan/geschichte.html

Subin, Aleksandr, "Der Einmarsch der sowjetischen Truppen in Afghanistan: Beschluß des CK der KPSS", Bayerische Staatsbibliothek, 2004, http://osteuropa.bsb-muenchen.de/dig/1000dok/0043_afg/@Generic__BookTextView/22;cs=default;ts=default;pt=148;lang=de

Vogel, Heinrich (Hrsg.): „Die sowjetische Intervention in Afghanistan- Entstehung und Hintergründe einer weltpolitischen Krise" - Osteuropa und der internationale Kommunismus, Band 8 - Bundesinstitut für ostwissenschaftliche und internationale Studien, Köln; Nomos Verlagsgesellschaft, Baden-Baden (1980)